(1)

MAUREL,

COMMISSAIRE DES GUERRES,

AU CITOYEN

MONNOT,

REPRÉSENTANT DU PEUPLE.

CITOYEN REPRÉSENTANT,

Un décret de la convention nationale me rendait la justice à laquelle j'avais le plus grand droit. Mal informé, vous en avés obtenu la suspension. Permettez qu'avec le langage d'un homme libre, je vous prouve combien vous avez eu tort.

Si nous vivions encore sous la tyrannie des décemvirs, si l'affreux Robespierre régnait encore sur la France et sur le sénat, trop flatté alors d'être l'objet et la victime des persécutions de ses dignes partisans, je me dispenserais de répondre aux vils et lâches

A

calomniateurs qui, depuis deux ans, me poursuivent, dans le sein même de la représentation nationale, avec un si rare acharnement; car rien au monde n'honore plus un galant homme, un vrai républicain, que la mésestime des fripons et la haine des tyrans.

Mais, citoyen, lorsque la liberté est reconquise, lorsqu'il est permis d'élever la voix contre l'oppression, et de démasquer, sans danger, les intrigans et les traîtres qui ne cherchent qu'à deshonorer notre gouvernement et à perdre la chose publique en entraînant, par d'abominables tactiques, la convention nationale dans des démarches, dont le moindre inconvénient est de faire soupçonner la pureté de ses intentions et de ses principes, je serais coupable de souffrir, sans m'en plaindre, qu'un législateur abusé peut-être par les perfides rapports de gens nécessairemen intéressés à me perdre, vienne d'un côté flétrir et déchirer impunément la réputation d'un père de famille estimable et estimé, j'ai l'orgueil de le dire, de quiconque l'a connu; et de l'autre (ce qui est bien autrement important), surprendre un décret, beaucoup trop fait pour réjouir les nombreux

ennemis que le régime abominable de l'exé-
crable montagne (qui ne reconnaisait de loi
que ses caprices,) a fait au régime républicain. Certes! en vous conférant le droit de
fonder notre bonheur et notre liberté, il
n'est sûrement entré dans l'esprit d'aucun
français de se donner ni de nouveaux maî-
tres, ni de superbes censeurs, ni d'insolens
dispensateurs de réputations. Trouvez donc
bon , citoyen représentant, que je soumette
au public quelques observations sur ce qui
est venu à ma connaissance du rapport aussi
injuste qu'inattendu que vous avez mis tant
d'empressement à faire hier à l'assemblée. Il
m'avait fallu dix mois de travail, de prières,
de vives sollicitations pour obtenir justice,
deux jours vous ont suffi pour en arrêter de
nouveau le cours! Ce contraste ne laisse
pas d'être digne de quelque remarque.....
Vous m'avez attaqué dans le bien le plus
précieux, l'honneur; je dois à ma famille, à
mes enfans, à mes amis, à mes concitoyens,
à la convention qui m'avait rendu justice,
qui me la rendra encore une fois, j'en suis
certain, malgré toutes les brigues et toutes
les intrigues employées pour l'en empê-
cher, je me dois enfin à moi-même de prou-

ver jusqu'à quel point vous avez été trompé.

Vous avez sur de faux avis exposé à la convention, 1°. que les assignats trouvés chez moi, lors de mon arrestation étaient de la même série que ceux volés à la trésorerie le 4 avril.

Où est la preuve de ce fait ? c'est un impudent mensonge, une atroce imposture. Les assignats trouvés chez moi sont de cinq ou six séries différentes, et les commis ont avoué lors des débats, qu'ils ne savaient point qu'elle était la série ni les numéros des assignats délivrés au porteur du faux mandat. Il y a plus, l'identité eût-elle été constatée, je n'en serais pas plus pour cela dans le cas d'être accusé, puisqu'il est également constant au procès que je les avais reçus à la bourse.

2°. Vous avez dit que le tribunal de cassation n'avait annullé le jugement du tribunal criminel de Paris que pour défaut de formes et que son motif n'était pas fondé.

Oui sans doute le tribunal de cassation n'a annullé que pour défaut de formes ; la loi borne là ses pouvoirs ; il ne pouvait prononcer sur le fond. Mais le tribunal de Versailles chargé de ce soin, l'a examiné, et c'est après 22 heures de débats, qu'il m'a acquitté à l'unanimité, de l'accusation évidemment calomnieuse portée contre moi.

Mais, dites-vous, d'où vient sur un point de fait, cette différence dans les jugemens de Paris et de Versailles. D'où vient? De ce qu'ici ce sont des âmes honnétes, des hommes justes, froids, impartiaux, étrangers à tous les partis, à toutes les passions qui ont jugé; tandis que là ce sont en grande partie, les auteurs, fauteurs et complices des épouvantables journées des 2 septembre et 31 mai, les jacobins enfin qui ont prononcé; et il était tout simple, tout naturel qu'un patriote de 89, le vieux ami de Barbaroux, le partisan déclaré de ces hommes vertueux qu'il plaisait à ces MM. à bonnet rouge, d'appeler *Girondins, Rollandistes* et *Brissotins*, fut assassiné, au moins moralement en attendant mieux. Aussi avait-on préparé ma perte, de longue main, en faisant publier par les journaux, au moment de mon arrestation, que j'étais l'ami de ces illustres proscrits, et avait-on attendu, pour me renvoyer devant un tribunal, que le 31 mai fut consommé. Car, (et c'est une chose digne de remarque), arrété le 7 avril, je n'ai pourtant pu obtenir mon premier interrogatoire que le 10 mai; (il fallait bien le temps à mes persécuteurs de monter leurs batteries) et je n'ai été jugé que le 15 juin. Quelle source de réflexions!.... Le directeur du jury qui deux fois a dressé mon acte d'accusation, a été ensuite juge au tribunal de Robespierre; le président et l'accusateur public de celui où je fus traduit, créatures connues de la faction impie qui, après le 31 mai, couvrit la France de prisons, d'échafauds et de sang, composaient, assure-t-on, le tribunal prétendu populaire des massacreurs du 2 septembre; les jurés, à quelques-uns près, dont j'eus les suffrages, étaient tous les plus déterminés jacobins, et l'on s'étonnerait de ma condamnation!....

3°. Vous avez dit que les mille louis en or et les bijoux trouvés chez moi, faisaient précisément au prix que se vendait alors cette matière, le complément des 600,000 l.

C'est encore une nouvelle imposture, calculez avec moi. Il est prouvé au procès que j'avais vendu à cette époque des louis à 64 liv. et qu'ensuite j'avais acheté à 62 l. les mille en question. Or mille louis à 62 l. font la somme de 62,000 liv. qui jointe aux

aux trois cents soixante en assignats, forment celle totale de 422,000 liv, et de-là à 600,000 liv. il y a encore un pas.

Quant aux prétendus bijoux dont on a, et l'on sent bien pourquoi, fait tant de bruit, ils consistent, il est bon de le dire, en deux montres dor, dont l'une à répétition, une autre en argent achetées et payées depuis 1790, et en quelques bagatelles que je devais porter ou envoyer à mes enfans, achetées et payées aussi deux mois avant mon arrestation, et dont la valeur n'excédait pas alors mille ou douze cents liv. Ces faits, comme tous ceux qui précèdent et vont suivre, sont constans au procès.

4°. Enfin vous avez dit que si l'on me remboursait en même nature les sommes et effets dont on m'a dépouillé, je serais le plus riche particulier de la République.

Quelle misérable raison! On l'a donc mise dans un état bien déplorable notre République, si le citoyen qui peut aujourd'hui compter mille louis en or dans ses coffres, et se décorer de quelques frivoles bijoux très-ordinaires, en est le plus riche habitant? Mais quand cela serait, est-ce une raison pour me dépouiller? où est donc la jus

tice ? où sont donc les principes sacrés sur
la propriété ? Robespierre, et Cambon, et
leur clique sont-ils donc de retour dans le
sénat français, et voudriez-vous encore battre
monnaie à la manière de Barrère ?

Au surplus par quelle horrible perfidie
ne vous a-t-on pas appris que les trois
quarts de l'argent qu'il s'agit de me res-
tituer n'est point à moi, mais bien aux
capitalistes qui l'avaient versé dans mes
mains, pour être utilement employé dans une
fourniture de trois millions environ que mon
père était chargé de faire aux armées de la
République ? tout cela est encore constant
au procès : le traité avec l'administration et
les sentences obtenues au tribunal de com-
merce et les poursuites faites en conséquence
sont des témoignages irrécusables.

Mais pourquoi encore n'avez-vous pas
parlé de cette énorme différence qui existe
entre la figure de l'individu d'abord dénoncé
et signalé par messieurs les commis de la trésorerie, et la mienne, d'ailleurs si facile à
saisir et à dépeindre ? Pourquoi n'avez-vous
pas dit qu'il n'y a pas plus de ressemblance
entre cet individu signalé dans leurs dénonciations et moi, qu'il n'en existe entre le

blanc et le noir ? Pourquoi n'avez-vous pas dit qu'excessivement marqué de petite vérole, couturassé jusqu'à faire peur au premier coup-d'œil, personne ne s'est pourtant avisé, dans les dénonciations qui ont précédé mon arrestation, de signaler ce trait vraiment caractéristique qui ne peut échapper ? Pourquoi n'avez-vous pas dit que, commissaire des guerres employé à Paris, j'étais nécessairement connu à la trésorerie, où je touchais tous les mois mes appointemens, et où (chose un peu remarquable) j'avais reçu ceux du mois de mars précisément la veille du délit, et dans les mêmes bureaux où il a été commis, ce qui rend impossible, invraisemblable le fait dont il s'agit ? Pourquoi n'avez-vous pas parlé de mon *alibi*, si bien prouvé au procès ? Pourquoi n'avez-vous rien dit du témoignage honorable et flatteur que toutes les autorités constituées de mon département ont rendu de mes principes moraux et politiques ? Pourquoi n'avez-vous pas dit que, le jour de mon arrestation, ces mêmes commis qui m'ont ensuite accusé, avaient cependant déclaré ne pas me reconnaître pour l'individu qu'ils avaient vu et payé ? Pourquoi n'avez-vous pas dit qu'à l'audience du tribunal de Paris, notoirement influencé (j'en appelle à quiconque fut témoin des débats), un des commis *chargé de m'accuser*, eut l'impudeur de me reconnaître dans la personne d'un autre individu qu'apparemment il croyait être l'accusé? Pourquoi n'avez-vous pas dit que le président Oudart, si peu fait pour les fonctions délicates qu'il remplit, a montré dans cette occasion entre autres tant de passion et de partialité, qu'une foule de spectateurs sortit suffoquée d'indignation? Pourquoi n'avez-vous pas dit que tous les commis de la trésorerie, juges et parties dans leur propre cause, étaient sans cesse tombés dans de révoltantes et épouvantables contradictions? Pourquoi n'avez-vous pas dit qu'à Versailles les auditeurs, entraînés par leur profonde indignation, ont, dans plus d'une occasion, crié contre eux à l'imposture?

Pourquoi, ayant entretenu la convention du fond de cette affaire, lui avez-vous tu que, devant ce même tribunal, deux témoins, alors attachés à la police, ont déposé que les six cent mille livres avaient été reçues par un particulier, qui est disparu depuis cette époque, et dans les mains duquel l'un d'eux avait vu, le matin même du vol, un mandat de pareille somme.

Pourquoi, dans votre inconcevable rapport, m'avez-vous présenté à la convention nationale comme n'ayant échappé à une condamnation que vous prétendez juste, qu'à la faveur d'un léger vice de forme, tandis que *toutes les formes les plus essentielles* et toutes les lois protectrices des accusés avaient été violées ; tandis qu'au fond de l'affaire, des preuves éclatantes et victorieuses de mon innocence jaillissent de toutes parts. Pourquoi n'avez-vous pas parlé de toutes ces preuves irréfragables ? Pourquoi les avez-vous cachées à la convention ? Elles sont pourtant toutes constantes au procès. Voudriez-vous donc, comme sous Robespierre, rejeter tout ce qui dépose en faveur des accusés ? Non, vous ne viendrez plus à bout de faire adopter ces horribles principes à la convention nationale redevenue libre.

Si dans tout ce que je viens d'énoncer il est un seul fait, je ne dirai pas controuvé, mais seulement inexact, que ceux qui me poursuivent dans les ténèbres (car je n'ai point eu de partie civile au procès), le démentent s'ils l'osent, je les en défie formellement; et je consens, dans ce cas, à être déclaré le plus infâme des hommes, et à jamais indigne du nom de républicain français. Plus généreux qu'eux , je passerai sous silence toutes les inouies vexations, toutes les infernales manœuvres qu'ils ont employées pour me sacrifier à leurs calculs homicides. Je ne parlerai pas de l'arrestation et incarcération arbitraire pendant onze mois de mon malheureux père, vieillard respectable de soixante-dix ans , non plus que de celle des citoyens que j'avais été forcé d'appeler en témoignage. Je ne parlerai pas des menaces faites à mes amis, à mes défenseurs, s'ils continuaient à me donner des soins, de l'isolement absolu dans lequel on m'avait réduit , des traitemens affreux qu'on m'a fait particuliérement éprouver, de la proscription enfin qui a pesé sur tout ce qui osait prendre quelque intérêt à mes malheurs. Je ne parlerai pas des réclamations sans cesse renouvelées et toujours infructueuses, que j'ai faites auprès des comités d'alors, pour être entendu, pour leur démasquer toutes ces manœuvres, pour leur dénoncer tous ces brigandages commis en leur nom ; non., je n'en parlerai pas. Est-il donc besoin aujourd'hui de rien de tout cela auprès du législateur intègre , quand un jugement solemnel *et en dernier ressort* a proclamé authentiquement mon innocence ? Et où en serions-nous donc si la plus sainte, la plus sublime de nos institutions pouvait jamais être méconnue , violée ? où serait la garantie des personnes et des propriétés? et que n'aurions - nous pas à craindre encore une fois pour la liberté publique s'il pouvait exister une autorité au-dessus de la loi? Je ne crains pas de l'avancer: s'il est un homme, je ne dis pas un législateur, qui sans connaître un accusé, sans l'avoir vu, ni entendu; sans l'avoir confronté avec ses accusateurs, sans avoir assisté aux débats entre lui et les témoins, sans même avoir vu, ni lu le peu de pièces qui se trouvent dans une procédure où tout s'instruit presqu'oralement, (et vous n'avez rien vu ni lu de tout cela,. citoyen repré-sentant, puisque les pièces sont au comité de législation) ; s'il est un homme, dis-je, qui ose cependant se croire et se dire plus instruit qu'un jury qui, après 22 heures de débats acquitte à l'unanimité un prévenu, cet homme-là est à coup sûr un sot, un ignorant ou un scélérat profond.

P. S. Il est un dernier fait que je ne connaissais point lorsque j'ai fait imprimer cet écrit et auquel je dois une réponse. C'est celui contenu dans la lettre du citoyen Merlin de Douai, à son collègue Monnot. *Un particulier*, dit-il, *qu'il n'avait jamais vu, lui offrit le 7 nivôse*, (deux jours avant son rapport à la convention,) *cinquante mille écus pour le faire tourner à mon avantage ; ce qui ne contribua pas peu, comme de raison, à le convaincre qu'effectivement j'étais coupable du délit qu'on m'imputait.* Je suis convaincu, puisqu'un représentant du peuple l'assure, que cette révoltante proposition lui a été faite ; seulement il doit m'être permis de regréter que le citoyen Merlin n'ait pas sur le champ fait arrêter par la sentinelle (il y en a toujours auprès des comités) cet infâme personnage dans lequel on eut très-certainement trouvé un émissaire de mes trop scélérats persécuteurs, qui, désespérant sans doute du succès de leurs criminelles entreprises, imaginèrent cette nouvelle manœuvre afin d'indisposer contre moi un législateur qu'ils étaient bien sûrs d'indigner par ce moyen. Si le citoyen Merlin veut bien se rappeler ma correspondance directe avec lui, mes réclamations réitérées auprès des comités de sûreté générale, législation et finances d'alors, pour être entendu et confronté en leur présence, à mes lâches accusateurs, la promesse qu'il m'avait faite, dans les derniers jours de frimaire, d'une *exacte justice*; le langage fier et libre que j'ai toujours parlé dans mes lettres avant et après son rapport; s'il veut bien se rappeler enfin qu'à l'époque dont il s'agit, mon père et la plus part des témoins qui avaient déposé à décharge dans mon affaire, étaient déja incarcérés, que tous mes amis étaient menacés de l'être, s'ils me donnaient leurs soins (la preuve en est aujourd'hui sous les yeux du comité,) et qu'on avait eu soin de répandre tellement la terreur dans l'ame de tout ce qui pouvait s'intéresser à mes malheurs, que personne, jusqu'après le 9 thermidor, n'osa plus se montrer pour mon père, ni pour moi, s'il dai-

gne faire tous ces rapprochemens, peut-être
sera-t-il moins prompt à m'accuser sur de
simples et trompeuses apparences, et peut-
être aussi croira-t-il plus digne de lui de
juger avec moins de sévérité un citoyen à
qui, pour obtenir plutôt justice, il n'a manqué
que d'être mieux connu de ceux qui, sans
avoir voulu ni le voir, ni l'entendre, se
croyent pourtant autorisés à prononcer sur
son sort.

De l'imprimerie d'Antoine BAILLEUL, rue Haute-
Feuille, n°. 22.

www.ingramcontent.com/pod-product-compliance
Lightning Source LLC
Chambersburg PA
CBHW050746070726
47597CB00009B/4098